DISCOURS

PRONONCÉS SUR LA TOMBE

DE

M. LE CHANOINE MANCINI

CURÉ DE BONIFACIO

DÉCÉDÉ A SARTENE LE 26 JANVIER 1859.

———

BASTIA,

IMPRIMERIE FABIANI.

—

1859.

DISCOURS

PRONONCÉS SUR LA TOMBE

DE M. LE CHANOINE MANCINI

CURÉ DE BONIFACIO

Décédé à Sartene le 26 janvier 1859.

On nous écrit de Sartene :

Le **27** janvier dernier, un bien triste spectac
avait attiré à l'église paroissiale un immense concours de population.

Le curé Jean-Baptiste Mancini recevait les hon-
neurs funèbres ; et la foule compacte, qui se pressait autour de son cercueil, témoignait par son
attitude triste et recueillie combien elle était sensible à cette perte que faisait l'arrondissement de
Sartene. C'est que le curé Mancini était digne des
regrets de toute une population, et les villes de
Bonifacio et de Sartene pleureront longtemps le
saint homme qu'elles ont perdu.

Au sortir de l'église, un des prêtres de la paroisse a porté la parole en ces termes :

« MESSIEURS,

» C'est un bien triste ministère que je viens en ce moment exercer au milieu de vous.

» Qu'il est pénible et douloureux à un cœur sensible de rendre le dernier devoir à un confrère si chéri, si respectable et le modèle de toutes les vertus du saint état qu'il avait embrassé.

» Je ferais injure à vos cœurs, si j'essayais d'y exciter des regrets ! Paroisse désolée de Bonifacio, l'abbé Mancini n'est plus ! Tu as perdu le pasteur qui s'était dévoué tout entier à ton salut ! Il me semble que sa bouche inanimée s'ouvre encore pour te dire : J'ai tâché de servir Dieu et de l'honorer comme il mérite, et d'apprendre au troupeau, confié à mes faibles soins, à le servir et à l'honorer.

» Quel pasteur en effet plus zélé et plus affectueux ! Avec quel soin il veillait sur son troupeau ! Avec quelle sollicitude il en prévenait les égarements ! Avec quelle douceur et quels ménagements il ramenait, au bercail du divin Maître, ceux qui s'en écartaient ! Quelle vigilance ! — Que d'attentions pour les malades! Que d'aumônes, que de secours il a portés à l'indigence! secours cachés, il est vrai, mais qui font autant l'éloge de sa modestie que de sa charité! — Quelle humilité dans ses paroles! Quelle pureté dans ses mœurs! Quelle exactitude dans l'accomplissement des devoirs inhérents à la charge de son état! — Quelle affection pour ses confrères, dont il fut toujours l'exemple et sera à jamais le modèle! — Ce caractère de sagesse, de bonté, et d'affabilité qui faisaient les délices de tous ceux qui avaient le bonheur de le connaître et lui gagnaient tous les cœurs, cet amour pour la religion, cette tendresse pour l'Église, cette délicatesse de conscience, voilà les exemples qu'il laisse à sa chère paroisse de Bonifacio et à celle où il vient d'expirer. — Quelle tendre piété dans ses fonctions! Avec quel respect se prosternait-il devant l'autel du Dieu vivant! Avec quelle ferveur, il y adressait ses prières et ses vœux! Peuple de Bonifacio, peuple de Sartene, vous en fûtes toujours l'objet. Ah! ne l'oubliez jamais et que sa mémoire soit toujours en vénération parmi vous!

» Parents chrétiens de ce martyr de souffrances et de résignation, la mort vient de vous frapper au cœur, en vous enlevant ce précieux objet qui faisait votre gloire et votre ornement!

» Rien n'a pu prolonger le terme d'une existence si chère à vous, si chère à nous tous! Soins tendres et assidus, remèdes prompts et sagement prescrits, rien n'a pu révoquer le fatal arrêt. Son mal était de ceux qui n'épargnent pas. Aussi l'a-t-il prématurément précipité dans la tombe. Pleurez donc, votre douleur est juste. La nature a ses droits que la religion elle-même commande de respecter. En nous prescrivant la résignation, elle ne nous impose pas l'insensibilité. Pleurez, vous surtout fidèles confidents de ses peines et de ses consolations. Le curé Mancini n'était pas un supérieur pour vous : il était votre père, il était votre ami. Aussi n'a-t-il pas voulu partir de ce bas monde sans porter sa main mourante sur votre front pour vous donner sa dernière bénédiction, sans vous confier, comme saint Martin à son cher diacre, le précieux dépôt de ses ouailles, en attendant que l'éminent prélat, qui préside, avec tant de sollicitude, aux destinées de ce diocèse, puisse pourvoir autrement aux besoins de cette portion chérie de son immense troupeau. Oui, donnez un libre cours à vos larmes, je ne m'y oppose pas, tout le clergé de cette paroisse et de ce canton, mêlera même ses larmes aux vôtres.

» Mais que dis-je, et où me laissé-je entraîner par mon sentiment affligé et consterné? — Non,

non, ne pleurons pas ; mais plutôt, au milieu de la douleur qui nous accable, cherchons un secret pour ramener la paix dans nos âmes. — La religion seule peut nous le fournir. Après l'avoir muni de ses secours les plus consolants et les plus saints, elle nous le montre ce digne ministre, dont la perte fait si abondamment couler nos larmes, elle nous le montre, dis-je, vivant dans une cité meilleure que celle qu'il vient de quitter, et d'où, nous contemplant avec un doux et aimable sourire, il me paraît de l'entendre nous dire : « Ne pleurez plus frère chéri et vous tous mes bien aimés parents et amis : ne pleurez plus : votre douleur, au sein même de la béatitude, pourrait attrister mon âme.

» Je n'ai quitté la Babylone du monde que vous habitez, que pour recevoir la récompense immarcessible que la miséricorde de mon Dieu a accordée aux pénibles labeurs de mon ministère, aux souffrances de ma douloureuse infirmité. *Non contristemini sicut et cœteri qui spem non habent.* Vous m'étiez chers sur la terre, je ne vous oublierai pas dans la patrie des élus ! Parents, amis, confrères, concitoyens, plus de larmes, plus de douleur, plus d'affliction. Mes longs services et toutes les peines, qui les entourèrent, sont délicieusement rémunérés !...

» Quand votre heure dernière aura sonné, si, par la grâce de Jésus-Christ et sous les auspices de l'Étoile de la Mer, vous avez le bonheur d'arriver au port, comme moi, je serai toujours sur le rivage de l'Éternité où vous viendrez tous aborder, pour vous attendre, vous recevoir et vous donner le baiser de paix fraternel et éternel. »

» C'est ici qu'il sera heureux de dire :

» *Quàm bonum et quàm jucundum habitare fratres in unum!* »

Après lui, M. l'abbé Filippi, dans une allocution aussi chaleureuse que bien sentie et que nous regrettons de ne pouvoir transcrire, a retracé la vie du défunt.

Enfin, au moment de dire à la dépouille mortelle du curé Mancini un adieu suprême, M. Jean-Baptiste Pietri, jeune avocat du barreau de Sartene, a prononcé le discours suivant :

« Messieurs,

» C'est toujours un pénible devoir que de porter la parole dans une solennité aussi triste que celle qui nous rassemble autour de ce cercueil.

» La mort, ce terme inévitable que l'Être Suprême a imposé à l'espèce humaine, — la mort, ce joug fatal que l'univers entier essaierait en vain de secouer — la mort, dis-je a fait aujourd'hui une nouvelle victime, et quelle victime !

» Un prêtre du Seigneur, un soldat du Christ, un des membres de cette légion toujours et partout triomphante, qui s'adresse à tous les peuples avec des paroles de paix et de conciliation ; — un homme qui puise dans les joies ou les douleurs d'autrui ses propres joies ou ses propres douleurs ; — un homme enfin dont la sainte et noble mission est de guider, de consoler et de secourir l'humanité, — telle est, Messieurs, la nouvelle victime dont nous déplorons aujourd'hui la perte !

» Né en 1801, Jean-Baptiste Mancini sentit dès son jeune âge un attrait irrésistible pour l'état ecclésiastique, et il ne tarda pas à suivre les inspirations de cette voix divine qui parlait à son cœur.

» Voyez-le! Jeune encore, il renonce à cet avenir qui s'annonçait pour lui si riant et si beau; jeune encore, il dit au monde un éternel adieu; et toutes ses pensées ne tendent plus désormais qu'à un seul but; se rendre digne de la vocation que Dieu a mise en lui.

» Après de sérieuses études à l'université de Sassari, en Sardaigne, il fut nommé en 1829 à la cure de Campomoro, et quatre ans après à celle de Grossa. Plus tard il sortit vainqueur d'un concours institué pour donner un pasteur à l'église de Morosaglia, d'où il fut transféré à Sainte-Marie d'Ornano. C'est là que son zèle infatigable lui fit remporter un de ses plus beaux triomphes : je veux parler de la réconciliation qu'il fit faire à deux puissantes familles, séparées depuis plus de trente ans par une sanglante inimitié.

» Enfin il fut nommé en 1847 curé de Bonifacio : et là, comme partout ailleurs, sa charité et sa piété à toute épreuve lui attirèrent les sympathies de tous les habitants, sympathies qui s'accrurent bien plus encore, lorsque le choléra, qui sévit dans cette ville en 1854, vint lui fournir une nouvelle occasion d'exercer son ministère d'abnégation et de foi sublime.

» C'est son dévouement dans cette circonstance que le digne prélat, qui préside aux destinées religieuses de notre île, a voulu récompenser par le titre de chanoine honoraire.

» A peine âgé de cinquante huit ans, le curé Mancini pouvait espérer encore bien des jours de vie, lorsqu'une courte maladie, dont il avait ressenti les premières atteintes depuis peu de mois, l'a enlevé à l'affection de tous ceux qui l'ont connu.

» Déjà gravement attaqué dans les organes essentiels à la vie, il n'osait pas cependant se rendre à Sartene, afin d'y demander à sa famille des soins pour lui devenus indispensables : c'est que son zèle aussi ardent que sa foi en la toute-puissance de Dieu; ce zèle, qui avait usé en lui tous les ressorts de la vie, lui défendait, disait-il souvent, de jamais quitter son poste, tant il était pénétré du caractère sacré de sa mission !

» Aussi l'autorisation de quitter Bonifacio lui fut, je ne dirai pas accordée, mais en quelque sorte imposée.

» Et maintenant, Messieurs, il ne me reste plus qu'à vous entretenir de sa mort : comme vous le pressentez, elle a été digne de la vie que je viens de vous raconter; elle a achevé saintement une œuvre si bien commencée.

» Prévoyant lui-même sa fin prochaine, il demanda de bonne heure les secours de la religion; et quand les sacrements suprêmes lui furent administrés, une joie sereine brilla sur son visage : et c'est en répétant le saint nom du Christ qu'il rendit à Dieu sa belle âme.

» Repose en paix, digne soldat du Dieu que tu as constamment servi! Repose en paix, car ta famille éplorée, car tes nombreux amis, car les pauvres dont tu as toujours été le père béniront ta mémoire, et ton souvenir sera gravé dans leur cœur!

» Repose en paix, car ici-bas ton œuvre est accomplie; car après un court séjour sur cette terre de douleurs, ta belle âme a reçu au ciel la récompense que Dieu accorde à ses élus.

» Sartene, le 27 janvier 1859. »

Le 26 janvier, dans la matinée, une dépêche télégraphique annonçait au clergé de Bonifacio la mort du chanoine honoraire et curé Jean-Baptiste Mancini.

Veuve de son ministre l'église, par le son lugubre des cloches, répandait, un moment après, dans toute la ville, cette nouvelle désolante. Tous les habitants, dans l'émotion la plus profonde, regrettaient vivement leur pasteur, dont le zèle et l'activité se montrèrent à toute épreuve, pendant les douze ans qu'il avait vécu parmi eux.

Le dimanche suivant, après les vêpres ordinaires, la population se pressait pour se rendre à l'église paroissiale, qui était parée du plus grand deuil. Il s'élevait, au milieu de la grande nef, un catafalque magnifique surmonté d'une urne funéraire : celle-ci était décorée d'une croix lumineuse, emblème de douleur et d'immortalité. Le clergé et les confréries ont chanté l'office des morts.

Le lendemain une messe de *Requiem* à trois voix a été pareillement chantée. Les sons graves et plaintifs des orgues accompagnaient cette musique sévère. Le conseil municipal, toutes les autorités de la ville civiles et militaires, les frères des écoles chrétiennes, et les sœurs de Saint-

Joseph, avec tous leurs élèves, assistaient à cette cérémonie imposante.

Avant l'absoute, M. l'abbé Panzani, l'un des vicaires de la paroisse, a prononcé de la chaire une oraison funèbre très-édifiante par les réflexions morales et religieuses qu'elle renfermait. La naïveté dans l'expression de pensées ayant leur source dans une âme vraiment sensible, et le parfait recueillement des assistants, rendaient un témoignage non équivoque de sincérité à cet éloge déduit des circonstances qui avaient accompagné le défunt jusqu'au dernier moment de sa vie.